LA PESTE NOIRE
ET SES RAVAGES

— L'Europe décimée au XIVe siècle

par Jonathan Duhoux

50MINUTES

Avec la collaboration de Thomas Jacquemin

LA PESTE NOIRE

- **Quand ?** De 1347 à 1352.
- **Où ?** Dans toute l'Europe.
- **Victimes ?** Entre 20 et 35 millions de morts en Occident.
- **Répercussions ?**
    - Un déclin démographique.
    - Des crises économiques.
    - Des bouleversements culturels.
    - Un nouveau rapport à la mort.

La Peste noire, ou Grande Peste, qui touche l'ensemble de l'Europe au XIVe siècle, est la plus grande épidémie que l'Europe ait connue. Elle vient s'ajouter à un contexte déjà difficile pour l'Occident. À cette époque, les troubles politiques, les famines et les guerres sont monnaie courante. Déjà affaiblie, l'Europe perd en l'espace de cinq ans un tiers de sa population à cause de la pandémie. L'ampleur et les conséquences d'une telle catastrophe sont difficiles à concevoir : des villages entiers disparaissent, l'économie est mise à mal, les étrangers sont traités avec suspicion et la peur ronge les esprits au quotidien. Incomprise, la peste est assimilée à une punition divine ou à un empoisonnement de l'air. Dans le désespoir, les populations cherchent des coupables, ce qui entraîne le massacre de juifs, de lépreux et d'autres marginaux. Mais rien n'y fait. La mort, personnifiée par la figure de la faucheuse, continue à prendre indistinctement les âmes des riches et pauvres, nobles et paysans, justes et coupables.

Si la Peste noire disparaît en 1352, l'épidémie refait surface en Europe, de manière plus épisodique, tous les huit à dix ans jusqu'au XVIIIe siècle. La bactérie responsable de la maladie (*Yersinia pestis*) n'est découverte qu'à la fin du XIXe siècle, et il faut encore attendre le siècle suivant et l'invention des antibiotiques pour trouver un remède efficace pour lutter contre elle. La violence de l'épidémie du XIVe siècle a imprégné durablement les esprits, et des études sont toujours menées à l'heure actuelle. La peste reste en effet une menace sérieuse pour l'humanité.

CONTEXTE

DE LA PROSPÉRITÉ À LA FATALITÉ

Au XIIIe siècle, l'Occident est en plein essor : le commerce européen connaît une période de grande prospérité, et les récoltes s'annoncent riches en raison d'un climat souvent favorable. Les foires de Flandre et de Champagne connaissent un rayonnement sans pareil. Tous les marchands occidentaux s'y retrouvent pour négocier, échanger, ou simplement lier de nouveaux contacts. Bruges devient la plaque tournante de toutes les nations commerçantes. En Italie, les cités de Venise et de Gênes dominent l'ensemble des échanges méditerranéens. Après 1270, des liens peuvent être tissés avec la Chine et l'Inde, qui connaissent également une période de paix. Les draperies, les métaux et les vins occidentaux y sont troqués contre des soieries, du coton et des épices orientales.

Cet essor commercial est en outre facilité par des progrès techniques et une amélioration constante des transports. Les navires sont désormais plus rapides et peuvent accueillir plus de marchandises ; les voies fluviales sont quant à elles mieux entretenues et de nouvelles routes sont tracées à travers les Alpes. Les distances semblent donc plus courtes, et les échanges s'intensifient.

DES INNOVATIONS TECHNIQUES

Les techniques navales se développent au XIIIe siècle, améliorant grandement l'efficacité du commerce fluvial et maritime. Ainsi, la boussole permet aux navires de s'orienter plus facilement. L'astrolabe, petit instrument astronomique, est très utile pour la lecture des astres durant la nuit. Enfin, le gouvernail d'étambot, fixé à l'arrière des navires par un système de charnières, permet un meilleur contrôle de la direction des bateaux.

Mais le début du XIVe siècle vient ralentir, puis briser cet élan. Tel un prélude à la fin du monde, de nombreuses calamités frappent l'Occident, comme si les quatre cavaliers de l'apocalypse s'y étaient rassemblés pour laisser dans leur sillage guerres, révoltes, famines et épidémies. Les troubles politiques se multiplient, notamment ceux qui opposent la France et l'Angleterre (la guerre de Cent Ans, 1337-1453) ou les différentes luttes de pouvoir qui animent l'Italie. Un climat moins favorable à l'agriculture entraîne famines et disettes un peu partout en Europe. S'ajoutent à cela la variole et la peste qui se répandent à une vitesse effrayante.

LA FAIM, UN PROBLÈME DE CLIMAT

La famine est l'un des nombreux maux courants du Moyen Âge. Les chroniques la signalent à la fin du XIIIe siècle, puis de manière intermittente tout au long du XIVe siècle et au début du XVe. Symbolisée par le troisième des cavaliers de l'apocalypse, la faim frappe l'imaginaire de l'époque par de terribles images surnaturelles.

Pourtant, les causes en sont relativement simples. L'agriculture, fragile, est très sensible aux accidents climatiques. Des précipitations trop fréquentes, un hiver un peu trop long ou un été un peu trop sec, et les conséquences sont désastreuses pour les récoltes.

D'autant plus que les capacités de stockage sont faibles à l'époque. À cela s'ajoutent les guerres qui handicapent lourdement l'agriculture, non seulement en mobilisant les hommes – qui ne travaillent dès lors plus dans les champs –, mais aussi par les destructions qu'elles engendrent.

Les villes côtières, principalement situées le long de la Méditerranée ou de la mer Baltique, sont moins touchées par les famines puisqu'elles profitent d'un climat plus clément. Les riches cités-États italiennes, comme Venise ou Gênes, sont ainsi relativement épargnées. Elles sont plus faciles à ravitailler et investissent généralement les fonds nécessaires pour garantir l'approvisionnement, quitte à s'endetter.

En 1280, la hausse du prix du grain est un premier signal d'alarme : la production baisse. La situation se complique à partir des années 1310, période marquée par une baisse durable des températures en Occident. C'est ce qu'on appellera plus tard le petit âge glaciaire. Les hivers durent plus longtemps et les étés sont particulièrement pluvieux, une conjonction néfaste pour les récoltes. De nombreuses famines, réparties sur de très larges zones géographiques, découlent de ces mauvaises conditions. Pourtant, malgré les nombreux décès qu'il faut déplorer, la population récupère assez vite. La famine en soi n'entraîne donc pas de réel déclin démographique, mais les dégâts qu'elle occasionne ne doivent pas pour autant être pris à la légère : couplée aux autres famines, elle provoque une véritable dépression économique et un déclin généralisé.

La Peste noire a parfois été considérée comme la conséquence naturelle de ce déséquilibre global. Même si cette interprétation malthusienne peut sembler séduisante, elle est aujourd'hui dépassée.

Au XIIIe siècle, la population occidentale a déjà atteint ses limites. À force de défricher, les paysans ont transformé en champs toutes les superficies praticables et fertiles. La population a donc atteint son maximum au vu des cultures céréalières disponibles. Pourtant, la démographie se maintient jusqu'au milieu du XIVe siècle. La Peste noire n'apparaît donc pas au moment où la population atteint un seuil critique, tel un jugement divin destiné à réguler la démographie. Mais il est vrai que cette pandémie survient dans un contexte déjà difficile, ce qui contribue sans aucun doute à l'étendue de ses ravages.

DES TROUBLES POLITIQUES FRÉQUENTS

Les affrontements politiques sont légion au XIVe siècle. Il serait vain de vouloir répertorier toutes les guerres privées qui se succèdent tout au long du Moyen Âge, et dont les motifs sont généralement les plus triviaux : vengeance en réponse à une injustice, désir d'agrandir son territoire ou simple riposte à une atteinte à l'amour-propre.

Des conflits plus globaux marquent aussi ce siècle. L'ensemble de l'Italie est alors en proie à des troubles politiques, économiques et sociaux. Mais le plus célèbre des conflits reste la guerre de Cent Ans, qui débute une décennie avant l'épidémie de peste. Elle oppose les royaumes de France et d'Angleterre, dans une série d'affrontements qui marqueront durablement l'Europe.

Si les causes de cette guerre sont nombreuses, deux éléments se distinguent particulièrement. Tout d'abord, le roi d'Angleterre est le vassal du roi de France pour les territoires qu'il possède sur le continent ; or la monarchie anglaise aimerait se libérer de ces obligations.

LE SAVIEZ-VOUS ?

Un vassal est un homme libre qui promet fidélité, aide – souvent financière – et conseil à son seigneur, considéré comme plus puissant que lui. En échange, celui-ci assure protection et soutien à son vassal.

La seconde raison est relative à un problème de succession. Quand les trois fils du roi de France Philippe le Bel (1268-1314) meurent sans héritiers, leur cousin Philippe de Valois (1293-1350) est couronné roi. Mais leur neveu, Édouard (1239-1307), déjà roi d'Angleterre, vient contester cette décision. Ce dernier ouvre les hostilités en 1337, attaque le continent, puis envoie la flotte française par le fond à la bataille de l'Écluse (1340). Durant l'épisode de la Peste noire, les Anglais dominent les combats, jusqu'à contrôler un bon tiers de la France en 1360. Une monarchie anglo-française est instaurée en 1422. Il faudra ensuite attendre l'intervention de Jeanne d'Arc (1412-1431) pour qu'après elle les Français reprennent leur territoire, à l'exception de Calais (1453).

Il serait plus juste d'appeler cette lutte « les guerres de Cent Ans » puisqu'il ne s'agit pas en réalité d'un immense conflit où d'innombrables troupes armées s'affrontent quotidiennement. Il est plus juste de l'envisager comme une série d'affrontements qui s'étalent sur un siècle, tous étant liés par la rancœur tenace qu'éprouvent les deux royaumes. À l'exception de quelques grandes batailles, il y a d'ailleurs peu de tués dans les affrontements, les combattants étant assez peu nombreux.

En attendant, les hommes d'armes et les mercenaires traversent le pays en tous sens, ravageant les récoltes et les villages. En temps de trêve, la situation est pire encore. Les soldats, qui ne touchent plus leur solde, vivent sur le compte des habitants. Ils pillent les villageois, les torturent, et s'installent même dans les châteaux désertés par les seigneurs faits prisonniers. Pourtant, s'il y a violence, il est très rare que l'anarchie s'installe dans une région. Les seigneurs qui tiennent bon maintiennent globalement l'ordre sur leurs terres. Malheureusement, ces mouvements de troupes, qu'elles pratiquent la guerre ou le brigandage, facilitent la propagation des épidémies.

LA PESTE NOIRE

UN FLÉAU VENU D'ASIE

Les chroniqueurs médiévaux parlent d'un « mal qui répand la terreur » provenant d'Inde ou de Chine, ce que confirment les recherches actuelles (cité par BALARD (Michel), « Les semeurs de peste », in *L'Histoire*, n° 262, février 2002, p. 18). La peste apparaît en Chine dès 1331 et se propage dans tous les recoins de l'empire jusqu'en 1393. Elle décime un tiers de la population chinoise, soit plus de 35 millions d'habitants. Les épidémies de peste se propagent ensuite inexorablement sur tout le continent, au fil des déplacements humains, le long des routes marchandes. En 1338, le fléau atteint l'Asie centrale, avant de toucher la glorieuse ville de Samarcande, dans l'actuel Ouzbékistan. La maladie se répand dans les khanats (principautés) mongols, et parvient jusqu'à la mer Noire en 1346, aux portes de l'Europe.

LE SAVIEZ-VOUS ?

Le mot « peste », du latin *pestis* (« épidémie, fléau »), n'apparaît qu'au XIXᵉ siècle. Les chroniqueurs moyenâgeux utilisaient plutôt les termes de « pestilence », d'« empoisonnement » ou de « mortalité ». Par ailleurs, si l'on parle de peste noire, ce n'est pas pour faire référence à la couleur des cadavres ou des bubons – ce qui est d'ailleurs erroné. Cet adjectif sert en réalité à insister sur le côté particulièrement sombre, lugubre et effrayant de l'épidémie.

La région est parsemée de comptoirs génois et vénitiens qui, à cette époque, sont aux prises avec les armées mongoles. Suite à des différends commerciaux et à des émeutes survenues entre chrétiens et musulmans, le khan (dirigeant) Djanibeg (mort en 1357) décide de chasser les Occidentaux de la région. En 1344, il assiège le comptoir génois de Kaffa, situé en Crimée, mais une importante armée de secours italienne l'oblige à battre en retraite. Deux ans plus tard, l'armée mongole revient à la charge, mais elle est cette fois décimée par une épidémie de peste. Tenu en échec, affaibli par des milliers de morts, le khan décide de catapulter des cadavres infectés par-dessus les murailles. Les assiégés s'empressent de rejeter les morts à la mer, mais il est déjà trop tard : le fléau se répand à l'intérieur de ses murs. Il s'agirait là du premier cas d'attaque biologique de l'histoire.

Plusieurs historiens s'interrogent toutefois sur l'authenticité de cette anecdote rapportée par un chroniqueur de l'époque, Gabriele de Mussi (1280-1356). Il est certain que la population de Kaffa est décimée par une épidémie à cette époque, mais elle a peut-être été transmise par des rats passés à l'intérieur des fortifications. Mais, quelle qu'en soit la cause réelle, Kaffa est un comptoir commercial important pour l'Europe, et la circulation maritime y est dense. Par conséquent, des navires génois ont dû quitter le port pour retourner vers l'Europe au moment des faits, emportant dans leurs cales la Mort noire qui ravagera l'Occident pour les siècles à venir.

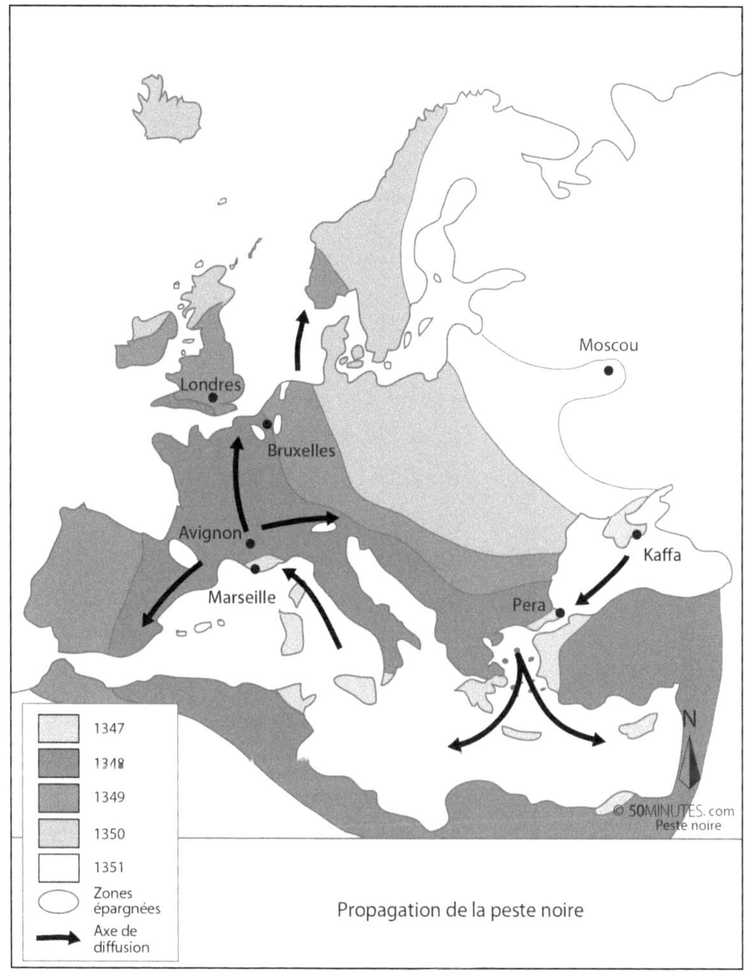

Depuis la ville de Kaffa, la peste se répand au gré des escales des navires. Elle touche d'abord Pera, comptoir génois situé non loin de Constantinople, durant l'été 1347. L'épidémie se propage ensuite le long de la mer Noire, en Grèce, dans les îles de la mer Égée, à Chypre, en Crète et en Égypte. Chaque ville touchée est un nouveau foyer qui diffuse l'infection dans toutes les directions.

À la fin de l'année 1347, les navires génois atteignent Marseille. La peste y est particulièrement violente. Dans certaines rues, tous les habitants décèdent en quelques semaines. Depuis cette ville carrefour, l'épidémie se répand très rapidement : vers le Nord de l'Espagne, en Corse, en Provence, en Sardaigne et dans le Nord de l'Italie. La maladie atteint Avignon, où siège le pape depuis 1309. Six cardinaux et 93 membres de la cour pontificale sont décimés durant l'année 1348.

La peste circule d'autant plus rapidement le long des principaux axes de communication et durant l'été, quand la circulation est plus importante. Par un triste revers de fortune, le réseau commercial dense et rapide, qui favorisait l'essor de l'Occident au XIIIe siècle, accélère les ravages de la maladie au siècle suivant.

En 1348, l'ensemble de la France est touchée par des foyers d'infection, qui s'étendent le long du Rhône, de la Saône, de la Seine et du Rhin. La même année, les Pays-Bas signalent les premiers cas de peste à Gand et à Bruxelles. De là, l'épidémie traverse la Manche et décime l'Angleterre, où Londres payera un lourd tribut. En suivant le Rhin, elle envahit l'Allemagne et la Suisse. L'Extrême-Nord européen n'est pas épargné. En 1349 et en 1350, la Norvège et la Suède subissent la maladie, avant qu'elle ne se diffuse en Écosse, en Islande ou au Groenland. En 1351, l'épidémie ravage la Russie, en emportant au passage le grand-duc de Moscou et le patriarche suprême de l'Église orthodoxe. Puis la peste se fraye un chemin jusqu'à la Crimée, son point de départ, avant de s'éteindre spontanément. L'épidémie est devenue pandémie.

Certaines zones sont étrangement épargnées. Si on peut facilement l'expliquer pour quelques villes isolées dans les montagnes, la tâche est rendue plus ardue pour certaines régions de l'actuelle Belgique

(Hainaut et Limbourg), qui signalent un taux d'infection moins élevé qu'ailleurs, alors qu'il s'agit de plaques tournantes pour les communications. Mais cette situation n'est que temporaire : la peste y surgira entre 1360 et 1363.

Toutes les villes ne sont pas touchées de la même manière par le fléau. Une cité comme Venise est littéralement décimée. Elle dénombre environ 90 000 victimes de 1347 à 1349, soit 60 % de sa population. Cette situation est d'autant plus étonnante que la ville prend des mesures très rapides pour lutter contre la maladie. Venise est en effet dispersée sur une série d'îles, une position stratégique qui lui permet de contrôler assez facilement la circulation des biens et des personnes. Les navires sont ainsi obligés de mouiller au large pendant 40 jours avant d'être autorisés à entrer dans le port. Quant aux morts, ils sont enterrés sur des îles isolées à au moins 1 m 50 de profondeur. Mais rien n'y fait. Malgré des mesures tout à fait appropriées, Venise affiche l'un des taux de mortalité les plus élevés en Occident.

À l'inverse, une ville comme Milan perd « seulement » 15 % de sa population, sur un total de 100 000 habitants. Il est vrai que l'oligarchie au pouvoir dans cette cité a les moyens d'imposer des mesures exceptionnelles. Les familles contaminées sont emmurées dans leurs maisons, et elles sont nourries à distance par un système de paniers coulissants. Mais cela n'explique pas l'énorme différence de mortalité avec Venise, cette dernière ayant également pris des mesures pour limiter la propagation de la maladie.

À Londres, les chiffres s'inscrivent dans la moyenne de la mortalité européenne : on compte entre 20 et 50 % de décès sur une population comptant 50 000 personnes. Mais l'ampleur du désastre reste conséquente. Durant l'été 1348, 290 habitants s'éteignent chaque jour. Les cadavres doivent être évacués au plus vite pour éviter les risques d'infection. En comptant 12 heures de clarté à cette saison, cela signifie qu'un enterrement a lieu toutes les deux minutes et demie en moyenne.

Une seule tête couronnée succombe à la maladie : Alphonse XI de Castille (1311-1350), pendant le siège de Gibraltar. Les puissants sont relativement épargnés par rapport aux pauvres. Ces derniers payent le plus lourd tribut, car ils s'entassent dans les quartiers insalubres des villes. Même si la peste frappe plus souvent en milieu urbain, les campagnes ne sont pas épargnées : il ne faut pas oublier qu'à l'époque, 90 % de la population est rurale.

Certaines catégories de population sont plus touchées que d'autres. Il en va ainsi des médecins, des chirurgiens et des fossoyeurs, les premiers à agir sur les malades et les corps. C'est aussi le cas des notaires, qui rédigent les testaments, ou les prêtres, continuellement appelés pour délivrer les derniers sacrements. L'exemple de Perpignan est assez révélateur : la ville perd 50 % de sa population, dont 60 % de ses hommes de loi et notaires, et jusqu'à 75 % de son clergé régulier. Seulement deux médecins sur huit survivent à l'épidémie.

La pénurie d'hommes de Dieu est particulièrement problématique dans une société aussi croyante. En Angleterre, plus de 40 % du clergé disparaît, si bien que l'évêque de Bath et de Wells écrit en 1349 : « Annoncez à tous que, s'ils sont sur le point de mourir, ils peuvent se confesser les uns aux autres, et même à une femme. » (Cité par NAPHY (William) et SPICER (Andrew), *La Peste noire. 1345-1730*, Paris, Autrement, 2005, p. 29). Autoriser les femmes à participer aux sacrements s'est déjà vu, en cas d'urgence, mais une telle mesure reste particulièrement exceptionnelle. Elle démontre bien l'ampleur du désastre dans les rangs du clergé, et la crainte de partir dans l'au-delà sans s'être confessé au préalable.

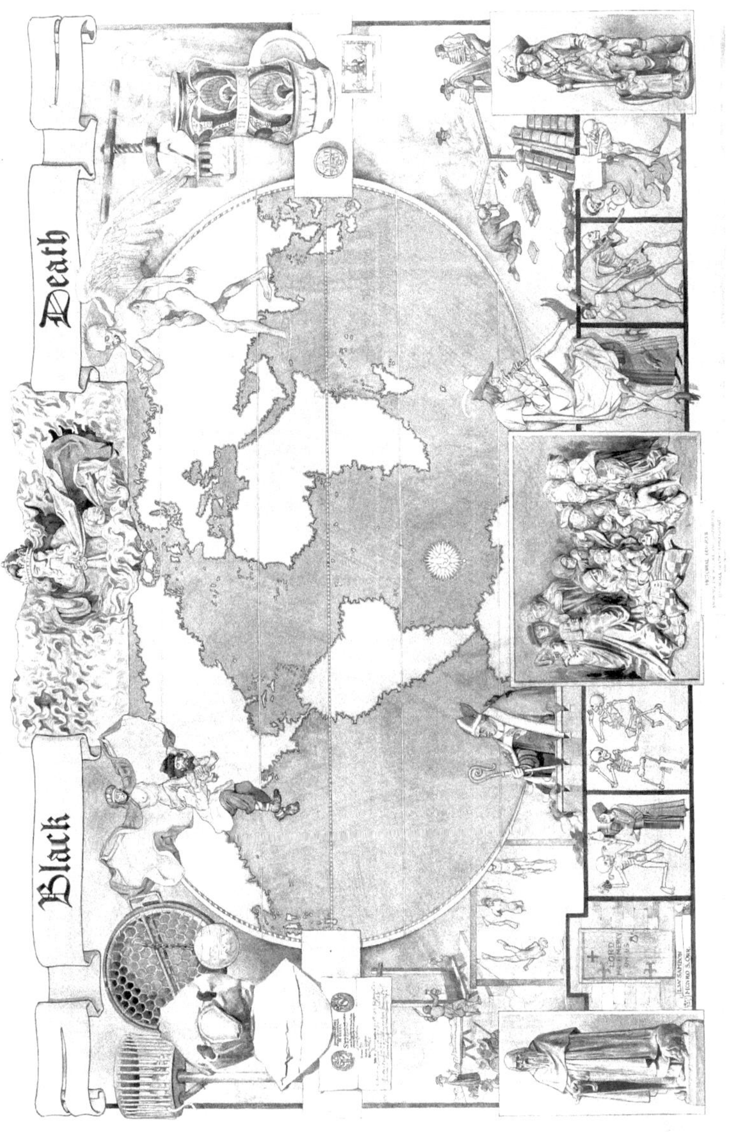

Carte représentant l'histoire de la Peste noire à travers le monde.

UN MAL VIEUX COMME LE MONDE

En quête de réponses face à la Mort noire, certains hommes de science médiévaux se penchent sur les archives du passé. Car la peste n'est pas née au XIVe siècle. Elle aurait fait son apparition en Asie centrale il y a plus de 20 000 ans. Les sources antiques attestant de son existence sont cependant peu nombreuses et restent souvent très vagues. Ainsi, en 430 av. J.-C., Thucydide (historien grec, vers 460-après 395 av. J.-C.) parle d'une « pestilence » qui frappe Athènes, qu'on pourrait à première vue associer à la peste, mais les études actuelles penchent plutôt pour une épidémie de fièvre typhoïde. Les sources manquent en tout cas de clarté pour attester avec certitude qu'il s'agit là de la peste.

Par contre, sous l'empereur byzantin Justinien Ier (482-565), des fouilles archéologiques récentes confirment la présence du bacile de la peste. Il s'agit de la première pandémie, probablement partie d'Égypte, qui ravage tout le bassin méditerranéen entre 541 et 767. Les mêmes mécanismes de propagation que lors de la Peste noire sont à l'œuvre : le mal s'étend de port en port, puis le long des routes commerciales. Depuis Alexandrie, la peste touche Constantinople, se diffuse dans les ports de la Méditerranée, remonte le long du Rhône et du Rhin jusqu'à Trèves. Quand l'évêque Grégoire de Tours (538-594) se rend à Clermont-Ferrand, ville touchée par l'épidémie, il témoigne : « Les cercueils et les planches étant venus à manquer, on enterrait dix corps et même plus dans la même fosse… Un certain dimanche, dans la basilique Saint-Pierre, on compta jusqu'à 300 cadavres. » (Cité par BARRY (Stéphane), « La Peste noire », in *L'Histoire*, n° 310, juin 2006, p. 42) L'Empire byzantin perd à l'époque sans doute un quart de sa population, et son économie est en ruine.

UNE RÉPONSE MODERNE

On sait aujourd'hui que la peste vient d'une bactérie, la *Yersinia pestis*, qui n'est découverte qu'en 1894 par Alexandre Yersin (bactériologiste français, 1863-1943). Lors de la pandémie qui a touché l'Asie à la fin du XIXe siècle, ce dernier a analysé des bubons de cadavres pestiférés à Hongkong afin d'isoler la bactérie. Quatre ans plus tard, Paul-Louis Simond (1858-1947) découvre en Inde que les puces sont le vecteur de la maladie. L'explication de la Peste noire est enfin à la portée des compréhensions.

La peste se propage dans un premier temps parmi les rats. Ces derniers, s'ils évitent le contact avec l'homme, pullulent malgré tout dans les quartiers insalubres du Moyen Âge, à l'abri des regards. Lorsque les rongeurs sont décimés par le bacille de la peste, les puces porteuses de la maladie se tournent vers le premier corps chaud à leur portée : l'être humain. Quand la concentration de la *Yersinia pestis* devient trop forte dans le tube digestif de la puce, cette dernière recrache du sang au lieu d'en prélever sur son hôte. Elle infecte ainsi ce dernier qui, après une période d'incubation de six jours environ, est pris de fortes fièvres. Le malade est sujet à des convulsions, des nausées, des hallucinations. Ses ganglions gonflent, forment des bubons très douloureux, qui finissent par éclater. La plupart des décès sont dus à des hémorragies internes ou à des crises cardiaques.

LE SAVIEZ-VOUS ?

Il existe trois principaux types de peste : bubonique, pulmonaire et septicémique. La peste bubonique, la plus fréquente, est transmise directement par la puce porteuse de la bactérie *Yersinia pestis*. En quelques jours, un ou plusieurs ganglions grossissent jusqu'à atteindre la taille d'une noix ou d'un œuf : ce sont les bubons. Un malade sur quatre survit à ce type de peste.

La peste pulmonaire est toujours mortelle. Elle se développe de deux façons :
soit le bacille infeste les poumons après la forme bubonique, soit un individu
sain est directement contaminé par un malade atteint d'une forme pulmonaire.
Les personnes infectées sont hautement contagieuses, et peuvent transmettre
la maladie par simple expiration. La propagation extrêmement rapide de la
peste noire au XIVe siècle laisse penser que la forme pulmonaire y est sans
doute habituelle.
Quant à la peste septicémique, évolution possible des deux autres formes,
elle se manifeste par la présence de bactéries dans le sang. Toujours mortelle,
la peste septicémique est souvent foudroyante, provoquant la mort en seulement
quelques heures.

Il est à noter qu'à l'heure actuelle de nombreux chercheurs doutent
encore que l'épidémie ayant décimé l'Europe entre 1347 et 1352 ait été
provoquée par le bacille de la peste. Leurs soupçons s'appuient sur le
fait que les chroniqueurs médiévaux ne mentionnent pas d'épidémie
parmi les rats. Par ailleurs, beaucoup se demandent encore comment
la peste noire, même sous sa forme pulmonaire, a pu se diffuser aussi
rapidement. De nombreuses questions restent encore sans réponses.
Peut-être l'épisode de la Peste noire est-il en réalité dû à une maladie
infectieuse comme la maladie du charbon (anthrax), qui rend le sang
de ses victimes complètement noir, ou une fièvre hémorragique virale
du type Ebola. La plupart des chercheurs considèrent cependant que
les preuves sont suffisantes pour attester d'une maladie due à la
bactérie *Yersinia pestis*.

LUTTER CONTRE UN MAL INCOMPRIS

Sans l'aide de la biologie et de la médecine moderne, l'homme médiéval doit trouver ses propres solutions. La plupart d'entre eux, plutôt que de lutter, décident de fuir ce mal incompris, ce qui hâte malheureusement la propagation de la maladie. Boccace (écrivain italien, 1313-1475) raconte ainsi dans son *Décaméron* l'histoire d'un groupe de Florentins qui part en exil pour échapper à la peste. À travers une série de récits, l'auteur explique l'importance d'une philosophie épicurienne face à la Peste noire : comme la mort peut frapper à tout moment, nombreux sont ceux qui tombent dans la luxure et le plaisir immédiat.

La réponse de l'Église est radicalement différente. Une maladie aussi horrible ne peut être qu'un châtiment divin. Il faut donc apaiser la colère du Tout-Puissant par des prières, des pénitences et des signes d'humilité. Ainsi, à Rouen, les jeux et les injures sont interdits afin de faciliter le pardon. Il est cependant difficile de trouver des saints vers lesquels se tourner, puisque la précédente pandémie a eu lieu durant l'Antiquité. Alors, beaucoup de chrétiens adressent leurs prières à la Vierge, se référant au fait que, sur certaines représentations, elle arrête des pluies de flèches grâce à sa cape, comme pour briser un fléau tombé du ciel. Plus tard, les populations se tourneront vers saint Roch qui, dit-on, a guéri des pestiférés. Malheureusement, certaines manifestations de piété accélèrent encore la propagation de la maladie : c'est le cas des processions ou des pèlerinages, par exemple.

Dans les extrêmes, certains prônent la purification par la douleur. Pour apaiser la colère de Dieu, ils martyrisent leur propre corps, tels les flagellants, une secte principalement présente en

Allemagne. Les cortèges de ces suppliciés se présentent dans certaines villes, forment une ronde autour d'une église, et commencent leur rituel en chantant. Le *Chronicon Henrici* de Hervordia (historien dominicain, vers 1300-1370) décrit l'opération : « Chaque fouet se composait d'un bâton avec, à son extrémité, trois lanières comportant des nœuds [eux-mêmes] transpercé[s] en [leur] centre par deux pointes métalliques, tranchantes comme des rasoirs, qui dépassaient de chaque côté en formant une croix [...]. C'est avec ces fouets qu'ils cinglaient leur corps nu jusqu'à ce qu'ils ne forment plus qu'une masse de chairs [...] dégoulinantes de sang qui éclaboussaient les murs » (cité par NAPHY (William) et SPICER (Andrew), *La Peste noire. 1345-1730*, p. 39). Ces mouvements sont rudement condamnés par l'Église et les autorités publiques. Tous les rassemblements de foule sont en effet vus d'un très mauvais œil à l'époque. Et les flagellants finissent par disparaître comme la peste, brutalement.

De grands spécialistes adoptent une approche plus médicale de la maladie. De nombreux traités sont écrits sur le sujet dès 1348. Mais les remèdes sont souvent peu efficaces, très chers, voire dangereux. L'incision des bubons, par exemple, est extrêmement douloureuse, et entraîne souvent la mort du patient. En revanche, si la contagion est encore un phénomène un peu flou, les populations en comprennent rapidement le mécanisme et évitent donc tout contact avec les infectés et leurs possessions.

Dans les cités, les responsables politiques sentent confusément que les problèmes d'hygiène favorisent les maladies. Ils interdisent dans un premier temps les immondices dans les rues et font porter les déchets à l'extérieur des murailles. Puis ils légifèrent sur les corps de métiers jugés « sales » et « odorants » : sont concernés les bouchers, les poissonniers et les tanneurs. En outre, toutes les possessions des pestiférés sont rapidement « décontaminées » par le feu.

Si ces mesures ne suffisent pas, dans les mentalités de l'époque, cela signifie que la contamination est d'ordre spirituel. Les populations se tournent alors vers des boucs émissaires, ceux qu'ils jugent responsables d'une contamination morale : les juifs, les musulmans, les prostituées, les mendiants, les lépreux, les vagabonds, les étrangers ou même les pauvres. Les juifs, encore souvent considérés comme responsables de la mort du Christ, sont les premiers à être inquiétés. Le pape Clément VI (1291-1352) tente de les soutenir par une bulle datée de juillet 1348, mais ses effets restent limités : quelques mois plus tard, à Strasbourg, 900 juifs sont brûlés avant même que la peste se déclenche dans la ville.

LA PESTE, UNE « BANALITÉ »

En 1352, la peste s'éclipse aussi rapidement qu'elle s'est déclenchée. Elle laisse derrière elle des millions de morts. Le pape Clément VI estime les pertes à 24 millions de disparus entre 1347 et 1352, sur une population de 75 millions, soit le tiers de l'Occident. À l'échelle actuelle, cela représenterait pour l'Union européenne 160 millions de morts en l'espace de cinq ans. Certaines estimations actuelles considèrent qu'il y aurait eu jusqu'à 50 % de pertes. L'Angleterre serait même passée de 7 millions à 2 millions d'habitants en 1400, une chute démographique de près de 70 %. Mais, faute de sources précises, il est impossible de dénombrer exactement le nombre de victimes. Les conséquences matérielles et psychologiques d'une telle catastrophe restent toutefois effroyables.

L'économie moyenâgeuse est radicalement bouleversée. Les prix des produits agricoles montent en flèche. Des corps de métiers disparaissent complètement dans plusieurs villes. Les échanges commerciaux ralentissent, voire s'arrêtent dans certaines régions. Les cités perçoivent moins d'impôts puisque leurs contribuables meurent par centaines, alors que les dépenses pour faire face à la peste s'alourdissent. Le désordre ambiant facilite le brigandage et la criminalité. Les guerres se poursuivent, entraînant une augmentation des taxes, ce qui provoque des émeutes. Comme seulement la moitié de la population survit à l'épidémie, les terres et les richesses sont redistribuées et concentrées. Et ce n'est là qu'un rapide survol de quelques conséquences économiques.

La peste ne disparaît pas définitivement. Au contraire, elle revient avec régularité tous les huit à dix ans, emportant son lot de cadavres avant de s'évanouir à nouveau. La Mort noire devient aussi naturelle et inéluctable que les guerres ou le rythme des saisons. Le milieu urbain, beaucoup plus touché que les campagnes, doit s'adapter à cette nouvelle menace. Contrairement à l'Orient, passéiste, qui subit la peste comme une punition individuelle voulue par Dieu, l'Occident tente de réagir. L'amélioration de l'hygiène, la persécution des marginaux ou la pratique de la quarantaine s'appliquent avec plus ou moins de succès dans toute l'Europe. Cependant, il ne s'agit généralement pas de trouver un remède au mal, mais plutôt de le contenir au mieux, afin que les sociétés ne sombrent pas dans l'anarchie.

LA MORT, VIOLENTE ET IMPERSONNELLE

Au début du Moyen Âge, la mort est perçue comme un processus naturel, paisible, qui va dans l'ordre des choses. Un mourant est accompagné par toute sa famille, qui le soutient dans cette épreuve de passage. Les derniers sacrements sont délivrés par le prêtre de la paroisse, ce qui assure au mourant une vie meilleure dans l'au-delà. Mais avec la Peste noire, toute cette conception des choses est bousculée. La pestilence frappe au hasard, éradiquant complètement certaines familles, voire certains villages. Le passage dans l'autre monde ne se fait plus dans le calme et la sérénité quand les corps des pestiférés se tordent de douleur à la vue de tous. Les familles ne se soutiennent plus, car quand l'un des leurs est infecté, les autres s'enfuient pour éviter la contamination. Les cadavres tombent par centaines tous les jours, les fosses publiques débordent, et les derniers sacrements sont difficiles à prodiguer.

L'art du XIVe siècle, qui voit apparaître le thème de la danse macabre en Europe, illustre bien cette mort omniprésente. De nombreux tableaux donnent ainsi à voir des squelettes et des momies entraînant les vivants dans une farandole infernale. C'est également à cette époque qu'apparaît l'image de la faucheuse : la mort qui emporte les vivants par centaines, moissonnant les vivants comme s'ils n'étaient que fétus de paille.

DES RÉPERCUSSIONS PERCEPTIBLES ENCORE AUJOURD'HUI

Un traumatisme de cette ampleur a laissé des traces encore visibles aujourd'hui. Dans le langage courant, par exemple, certaines expressions telles que « fuir comme la peste », « se répandre comme la peste », ou « choisir entre la peste et le choléra » restent assez révélatrices.

La crainte d'une nouvelle pandémie reste ancrée dans l'imaginaire collectif. Les films de zombies en sont un parfait exemple dans la culture populaire. Mais des menaces plus concrètes existent aussi, comme les alertes à l'anthrax ou à l'Ebola qui ne cessent de resurgir dans l'actualité. Ces épidémies rappellent qu'une nouvelle « mort noire » pourrait ravager un continent.

En revanche, l'invention des antibiotiques permet à présent de lutter efficacement contre la peste. En 1930 apparaissent les sulfamides, puis la streptomycine en 1944, cette dernière restant le meilleur remède à ce jour. Cependant, le bacille de la peste peut se montrer résistant, et le remède doit être administré très rapidement après l'infection du patient pour avoir des chances de réussir. D'un autre côté, malgré ces quelques avancées scientifiques, il n'existe pas à ce jour de vaccin permettant de se prémunir de ce fléau, ce qui a au moins pour conséquence positive de rendre la peste difficilement utilisable comme arme biologique : elle est aussi dangereuse pour les agresseurs que pour les victimes.

La maladie subsiste actuellement dans certaines régions du monde, particulièrement dans les pays peu salubres, déshérités, où subsistent des rongeurs infectés. Le Kurdistan est un exemple type, mais on signale régulièrement des cas en Afrique centrale et orientale, au Viêt Nam, en Inde, en Chine, au Brésil, et même aux États-Unis. Une nouvelle pandémie de peste est toujours possible à l'heure actuelle. En 1994, l'Inde est touchée par une épidémie partie de Surate, dans l'ouest du pays. Si la maladie n'a fait qu'une centaine de victimes, elle a cependant révélé certaines failles : la lenteur de réaction du Gouvernement, des organisations humanitaires qui ne réagissent pas, une opinion internationale qui se contente de décréter le blocus des marchandises, et des mouvements de panique qui facilitent la propagation du bacille. La peste reste donc une menace à ne pas prendre à la légère.

541-767	Première pandémie de peste
1331	Apparition de la peste en Chine
1338	La peste atteint l'Asie centrale
1346	La peste est aux portes de l'Europe
1348	L'ensemble de la France est touchée par la peste
1352	Disparation momentanée de la peste
1894	Découverte de la bactérie *Yersinia pestis* par Alexandre Yersin
1898	Paul-Louis Simond découvre que les puces sont le vecteur de la maladie
1944	Mise au point d'un remède contre la peste, la streptomycine

- La peste est un fléau qui touche l'humanité depuis 20 000 ans. La première pandémie frappe le bassin méditerranéen à l'époque justinienne, en 541, et reste active jusqu'en 767. L'Empire byzantin perd un quart de sa population et son économie est ruinée. Puis la peste s'éteint naturellement, sans raison apparente.

- La Mort noire ressurgit en Inde ou en Chine au XIVe siècle. Elle se répand rapidement dans toute l'Asie. Les Mongols s'en servent peut-être comme arme de guerre à Kaffa, en catapultant des cadavres pestiférés sur le comptoir génois. Infectée, la ville va propager le mal en Occident par l'intermédiaire de ses navires de commerce.

- De 1347 à 1352, la peste s'étend partout en Europe. Depuis la Méditerranée (Grèce, Italie, Espagne, Sud de la France), la maladie se propage en suivant les ports et les axes de communication. Elle ravage toute la France, les Pays-Bas, l'Angleterre et l'Allemagne, et s'étend même jusqu'au Groenland ou en Russie. Si le mal s'éteint naturellement en 1352, il va réapparaître tous les huit à dix ans, et ce jusqu'au xviiie siècle.

- Le fléau frappe dans un contexte déjà difficile. Les troubles politiques, économiques et sociaux sont nombreux à l'époque. La France et l'Angleterre s'affrontent pour la possession de territoires : c'est la guerre de Cent Ans. Les famines sont également nombreuses, suite au refroidissement climatique survenu au début du siècle.

- Les contemporains pensent que la peste est un châtiment envoyé par Dieu. En réalité, il s'agit d'une bactérie, la *Yersinia pestis*, qui se propage par l'intermédiaire des puces. Ces dernières trouvent d'abord refuge sur les rats, qui infestent les quartiers insalubres des villes moyenâgeuses. Une fois les populations de rongeurs décimées, les puces infectent les êtres humains. Mais cette explication n'est trouvée qu'à la fin du xixe siècle.

- Face à un mal qu'il ne comprend pas, l'homme médiéval a plusieurs types de réactions. Il peut sombrer dans la débauche ou fuir. Il se tourne souvent vers la religion, en espérant que sa piété apaisera le courroux divin. Dans l'extrême, il peut devenir flagellant et martyriser son corps pour accéder au pardon. Et si cela ne suffit pas, il cherche des boucs émissaires qu'il juge responsables de la contamination : les juifs, les prostituées, les étrangers ou encore les pauvres sont les premiers à être inquiétés.

- Les conséquences sont nombreuses. Avec le déclin démographique, l'économie est réformée : concentration des terres et des richesses, disparition de certains corps de métiers, interruption des échanges commerciaux, etc. Le rapport à la mort est également modifié : elle n'est plus perçue comme paisible et naturelle, mais comme violente et impersonnelle. Le choc psychologique est tel qu'il laisse ses marques jusqu'à nos jours. La crainte d'une nouvelle pandémie subsiste, et la peste reste une menace tout à fait plausible.

- 31 -

POUR ALLER PLUS LOIN

SOURCES BIBLIOGRAPHIQUES

- BALARD (Michel), « Les semeurs de peste », in *L'Histoire*, n° 262, février 2002, p. 18.
- BARRY (Stéphane) et GUALDE (Norbert), « La Peste noire », in *L'Histoire*, n° 310, juin 2006, p. 38-49.
- BARTHÉLEMY (Dominique), *La féodalité. De Charlemagne à la guerre de Cent Ans*, Paris, La documentation française, 2013.
- BERCÉ (Yves-Marie), « Rumeurs et épidémies : les semeurs de peste », in *L'Histoire*, n° 218, février 1998, p. 78-83.
- BOCCACE, *Le Décaméron*, Paris, Livre de Poche, 1974.
- CONTAMINE (Philippe), BOMPAIRE (Marc), LEBECQ (Stéphane) et SARRAZIN (Jean-Luc), *L'économie médiévale*, Paris, Armand Colin, 2003.
- GAUVARD (Claude), LIBERA (Alain de) et ZINK (Michel), *Dictionnaire du Moyen Âge*, Paris, PUF, 2002.
- LE ROY LADURIE (Emmanuel), *Histoire des paysans français de la Peste noire à la Révolution*, Paris, Seuil, 2002.
- NAPHY (William) et SPICER (Andrew), *La Peste noire. 1345-1730*, Paris, Autrement, 2005.
- VERDON (Jean), *Le Moyen Âge. Ombres et lumières*, Paris, Perrin, 2005.

SOURCES COMPLÉMENTAIRES

- BIRABEN (Jean-Noël), *Les hommes et la peste en France et dans les pays méditerranéens*, Paris, Mouton, 1975-1976.
- BIRABEN (Jean-Noël) et LE GOFF (Jacques), « La Peste dans le Haut Moyen Âge », *in Annales. Économies, Sociétés, Civilisations*, vol. 24, n° 6, 1969, p. 1484-1510.
  http://www.persee.fr/web/revues/home/prescript/article/ahess_0395-2649_1969_num_24_6_422183

- Bᴏᴠᴇ (Boris), *Le temps de la guerre de Cent Ans. 1328-1453*, Paris, Belin, 2009.
- Cᴏʜɴ (Samuel), « Piété et commande d'œuvres d'art après la Peste noire », in *Annales. Histoire, Sciences Sociales*, vol. 51, n° 3, 1996, p. 551-573. http://www.persee.fr/web/revues/home/prescript/article/ahess_0395-2649_1996_num_51_3_410868
- Sᴀʙᴏᴛ (Thierry), *Nos ancêtres au temps de la peste*, Paris, Thisa, 2013.

SOURCE ICONOGRAPHIQUE

- Carte représentant l'histoire de la Peste noire à travers le monde. La photo reproduite est réputée libre de droits.

DOCUMENTAIRE

- *La Mort noire*, documentaire de Peter Nicholson, Grande-Bretagne, 2004.

SOYEZ LÀ
OÙ ON NE VOUS ATTEND PAS !

www.50minutes.com